loqueleo®

MAÑANAS DE ESCUELA
D. R. © del texto: César Arístides, 2011
D. R. © de las ilustraciones: Paulina Barraza G., 2011
Primera edición: 2013

D. R. © Editorial Santillana, S. A. de C. V., 2017
        Av. Río Mixcoac 274, piso 4
        Col. Acacias, México, D. F., 03240

ISBN: 978-607-01-3299-5

Estas ilustraciones se realizaron con el apoyo del Fondo Nacional para
la Cultura y las Artes, y del Consejo Nacional de Ciencia y Tecnología,
a través del programa de Becas para Estudios en el Extranjero
FONCA-CONACYT.

www.loqueleo.santillana.com

Published in the United States of America
Printed in Colombia by Editora Géminis S.A.S.
22 21 20 19 18   1 2 3 4 5 6 7 8 9

Mañanas de escuela

César Arístides

Ilustraciones de Paulina Barraza G.

loqueleo®

Estos recuerdos escolares
son para mi cuaderno amado,
mi libro de siempre, mi lápiz más lindo:
mi hermosa Verónica Céline Ramos Báez,
la dicha de mi vida...

Con muchísimo cariño
para Camila Galindo Ramos y Parih Yatzil Ángel Ramos;
para Kevin Márquez, Carmelo Saavedra Aguilar
y Andrea, Paola y Ricardo Muñoz González;
para Samantha Ramírez y el travieso Lucas Polifemo...

TE DIGO MI NOMBRE

Mi nombre es mañana de escuela
alegre columpio de viernes
nubes moradas que saben a fresa
llovizna de lunes recreo y jardín

me llamo arboleda con vuelo de lápices
pájaros que escriben con picos de azúcar
un sueño de mar con barcos de nieve
viento de flores que cubren los techos

de verdad mi nombre es riachuelo
cereza bañada por dicha violeta
madrugada de escarcha y una taza de té
me llamo amapola con vestido blanco
pero mis papás me dicen Céline

Decir un secreto

Un mensaje de pájaros te voy a cantar
tiene que ver con la lluvia
con horas de estudio
en el colegio sonriente
y charcos que asustan a la luz

un secreto que encierra en los ojos
las húmedas noches de agosto
la luna que silva con blanco rubor
y una dulce canción de gorriones
en el amanecer vestido de rocío

un deseo comparto contigo
que nace en los libros inquietos
en tardes de frutas osos de arena
y pájaros rojos que lloran bondad

te diré tantas cosas con lluvia
con música de árboles
y al final la sonrisa del cielo
juntará nuestras manos
para hablar de ilusión

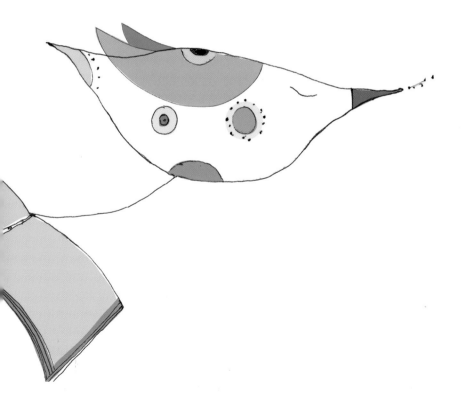

CUANDO AMANECE

Abro los ojos y los párpados sonríen
son puertas que se bañan con la luz
adivinan el rumor de la mañana
y el rojo bostezo del sol

mi salón de clases despierta
abren los ojos la calle las ventanas
los árboles flacos sacuden su pereza
los prados y abejas que escriben sus cartas al sol

despiertan las flores con su aroma de alegría
y le dicen al sendero recién levantado
que no olvide peinar sus matorrales
limpiar sus mejillas y reír a las hormigas

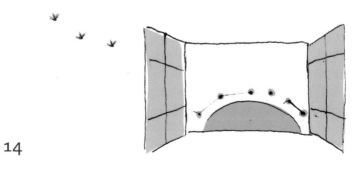

camino al colegio saludo a las ramas
al tímido frío que besa mi rostro
saludo al cartero al perro sin dientes
al poste muy triste que aguarda otro foco
y no olvido nunca aunque tenga prisa
mandarle a ese niño un beso en la frente
un beso de lejos sin que nadie me vea

Escucho la música

La música es la mano de mi papá
cuando muy temprano me lleva a la escuela
la música es el beso de mamá
al momento en que abre la puerta de las ilusiones
la música es la luna que toca mi ventana
y quiere jugar conmigo a correr por el cielo
la música es el sábado cuando no hay escuela
y vuelo por el parque o soy una libélula
la música son los ojos de mis amigos
cuando la lluvia nos persigue en el jardín
la música es el durazno y el estanque
el caballo de fuego que galopa entre las nubes
y el concierto de colores que brota del librero

Sonrisa de amor

He visto contentos a la escarcha y la paloma
a las tardes de agosto y los tejados lluviosos
he visto la dicha púrpura de los jardines
la carcajada de postes alambradas y almacenes

y todo es bello repleto de colores
he visto la risa del páramo dormido
el rostro presumido de una bicicleta
y es cierto todo es lindo
pero hay un gesto de bengala
que da luz a esta revelación
la sonrisa de mi maestra
en la mañana escolar

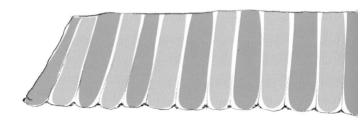

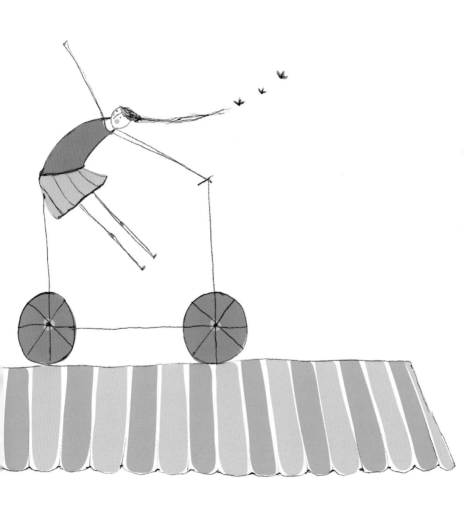

TIEMPO PARA JUGAR

Dichosa rebota en la acera
se ensucia y después no se baña
se arrastra conmigo en el pasto
liebre panzona y traviesa
corre te asusta y relampaguea
naranja de aire dios comelón
en las manos es luna
en los pies lagartija
rueda y rezonga ronda y rumia
si digo pelota la tarde se asoma
dispuesta a jugar y a detener el tiempo

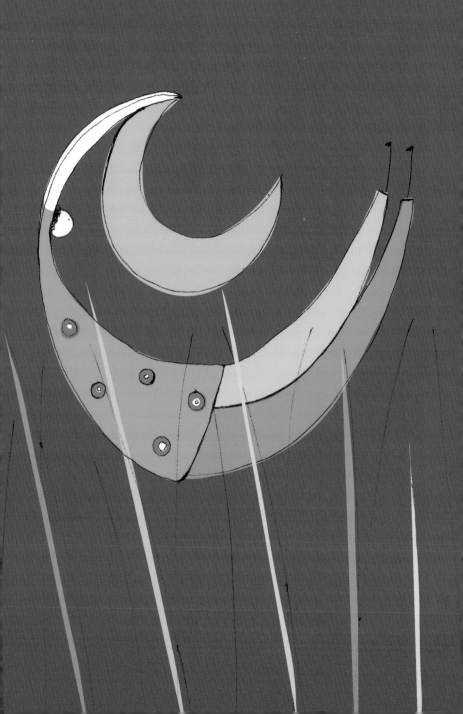

Historia de amor

Mi loro violeta se llama Matías
todas las mañanas practica solfeo
y bebe tres vasos de whisky y canela
le gusta bailar a la luz de la luna
aunque nunca sepa que es sólo un farol
cuando mi madre le limpia su jaula
le agradece en chino turco y arameo
se pone un sombrero y trepado en su palo
piensa en una novia preciosa de tela
es una gallina que empolla en un cuadro

Es mi casa

Allí guardo las cejas de la aurora
los lápices que animan los faroles
caben en mi caja aldeas y golosinas
monedas ilusiones piedras hechizadas
la goma de la suerte y girasoles de brujos
si fuera mía la magia no lo dudaría
contento viviría metido en esta caja
con pinturas y botones monedas y pinceles
también con una araña y el polvo dormido
la caja es mi castillo mi buque mi guarida
la caja es mi consuelo y el juguete matinal

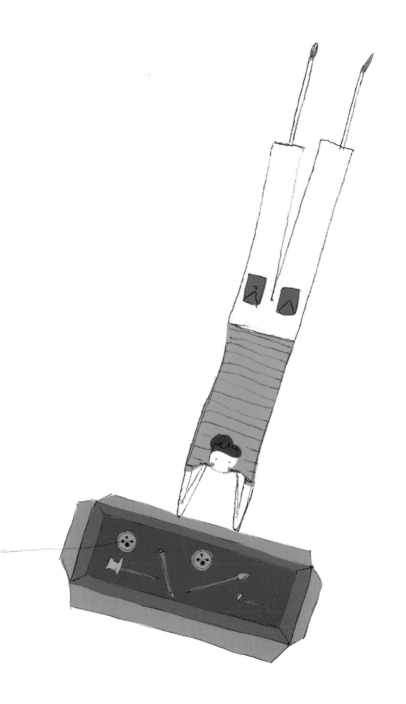

Pastel de chocolate

Qué dulce su carne encantada
me sabe a nostalgia en noches de fiesta
a fresca mañana de prisa al colegio

no hay nada más noble que este pastel
por él yo me olvido del juego y el sol
la tarde en el parque tiene su aroma
y cuando lo muerdo la vida es un cuento

Retrato de mis padres

Observo el retrato de mis padres
y una inmensa alegría sube a mis ojos
están en un jardín de pálidos senderos
mi madre es una rama de flores amarillas
mi padre es un gorrión que baila con el viento
el sol no está en la foto
tampoco la hojarasca que mira complacida
pero árboles y luces de cálida espesura
dibujan en mis padres la música del parque

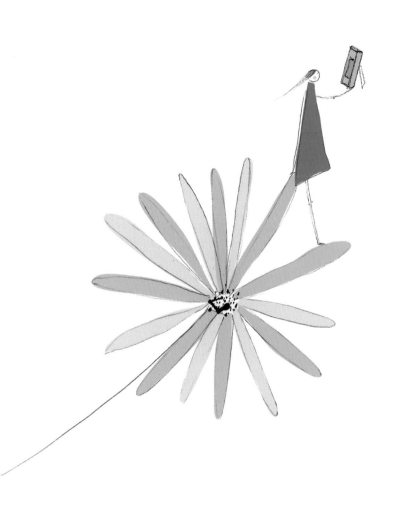

CARTAS A LOS NIÑOS

Caen de los árboles
para que las escriban nuestras pisadas
cartas de amor o música de hormigas
revuelo del viento al atardecer
mientras los árboles se ponen tristes
porque el cartero apurado en su tarea
no entrega a los niños que no saben leer
estas hojas mal escritas
por el verdor de los pájaros

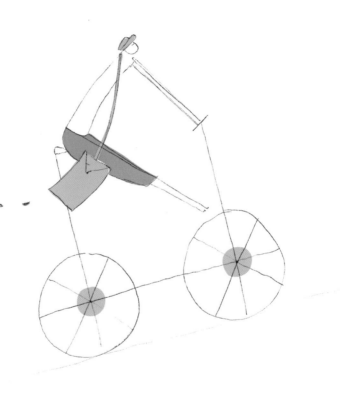

El mensaje de la fuente

Llanto de alegría brota desde el centro
júbilo que extiende toda su hermosura
el viento en el rostro confiesa otro secreto
me dice que la fuente es una flor de abejas

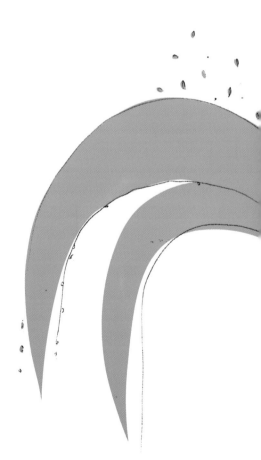

El paseo de las hormigas

Tocaron a la puerta quedito las hormigas
cruzaron por la sala la mesa la tristeza
cargaban silenciosas el brillo del verano
durmieron en mi cama cansaron mis zapatos
bañaron a los libros y fieles a la aurora
se fueron muy temprano
cerraron en silencio
el sueño de los pájaros

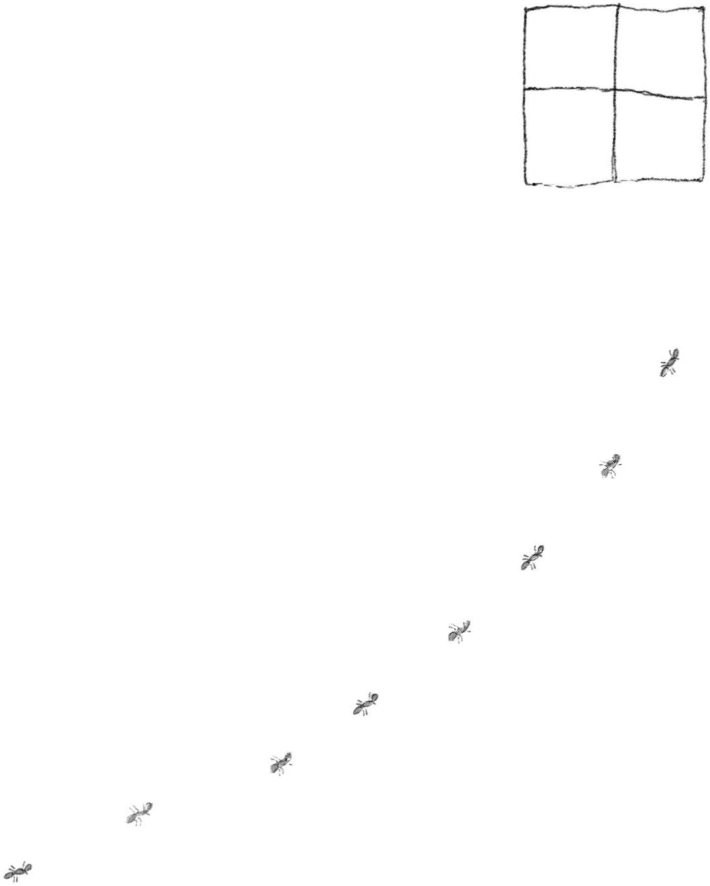

En la ventana

Desde mi ventana el mundo son los árboles
los pájaros que vuelan sobre el sueño de los gatos
allá están los camiones las calles las ilusiones
los niños más grandes regresan de la escuela
entonces las nubes ponen el mantel
y le avisan al sol que lave sus manos
pues es hora de llover

desde mi ventana la ropa tendida
es un baile de fantasmas que dan risa
un vestido tiembla y corren calcetines
en busca de un minino barrigón
que trabaja en un mercado

corren las bancas porque llueve
y las casas también los semáforos
sólo los sueños se quedan quietos
disfrazados de niñas mojadas
que saltan una cuerda

Cuando lloro

Mi llanto es luciérnaga triste
un viejo tren que se esconde de la lluvia
la canción más fría de la noche
a las nubes vestidas con grillos de lentejuela

cuando lloro mi corazón es tanto polvo
tanto periódico mojado en mi pecho
tardes de escarcha y fiebre en la casa

sollozo si me acompaña el miedo
si las aves no se acercan a mi ventana
entonces caigo en el pozo de mi almohada
y mi llanto es una carta tibia de añoranza

No quiero estar sola

Si te digo tengo miedo
no es porque la noche muerda los luceros
ni por el fantasma que ronca en el armario

si te lo digo no es por la risa del viento
ni por los rehiletes de la tormenta
si te digo tengo miedo
es porque sueño que me dejas sola

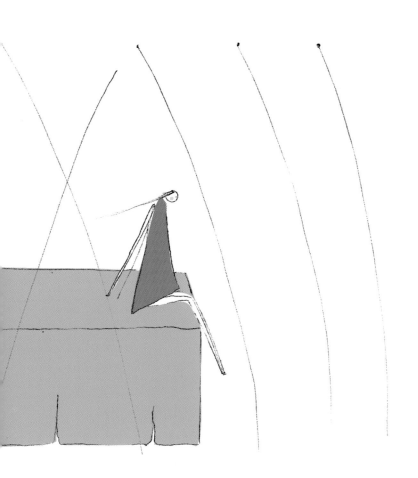

QUÉ ES LA POESÍA

Le pregunté a mamá qué son los versos
y me dijo que eran flores de lluvia y algodón
papá qué son los versos
y me habló de caballos rojos en un mar de azucenas
profesora qué son los versos
y escribió en el pizarrón palomas de cristal
pero dígame maestro qué son los versos
y me enseñó un dibujo donde lloraba un corazón
ahora sé qué son los versos
tu sonrisa en la lluvia
y el amoroso silencio

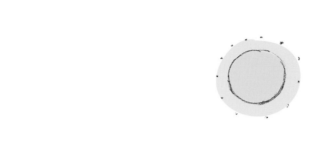

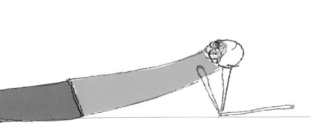

Dame tus manos

Para hacer una amapola de juegos y caricias
pon en mis manos tus tibios girasoles
sentir entre mis dedos tu suavidad
me hace pensar en un conejo gris
ovillado en mi alegría
dulcemente quieto

tus manos son el filo tierno de sus ojos
la pelusa que me da su alivio
dedos de rehilete y avispa
tus manos son el cielo
y un dibujo en mi cuaderno

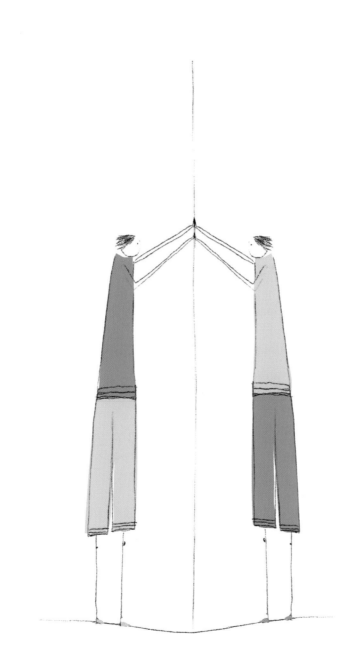

AZUL ES LA RISA DE MI PAPÁ

Azul es la sonrisa de mi papá
la canción del día
el pensamiento de los árboles
mientras dibujan la vereda

cuando miramos el paisaje
los pájaros azules se vuelven bicicletas
los globos maúllan al ventanal
y la tristeza son zapatos viejos

todo es azul azul de bondad
azul de palomas y hielo triste
la rana es azul los aviones y el circo
los libros que alumbran hogares
y todo cabe azul y risueño
en el gesto azul de mi papá

Afuera llueve

La gente corre y aletea para no mojarse
los árboles relumbran y estiran sus pensamientos
seguro mi escuela en este instante
se baña enojada y su jabón es un murciélago
el brillo en las ventanas y en las azoteas
anuncia la frescura del atardecer
lágrimas de gozo licor de lentejuelas
revientan en los vidrios de mi casa
le pido a mi mamá que sólo unos segundos
les deje a mis manos pequeñitas
recibir un minuto el saludo de la lluvia
y entonces tímida apenas un poquito
abro la ventana y en el rumor del aire fresco
las gotas me salpican y dicen buenas tardes

PISA EL CHARCO

Cuando la lluvia cansada se marcha a dormir
encarga a sus soldados de vidrio
que junten estrellas zapatos y canicas
veleros baúles diamantes y vestidos
para que al volver refresque sus cuerpos

si pisas un charco estalla un recuerdo
el alma de un ángel ondula en su fuego
y si te detienes en el claro centro
del agua amorosa que humilde te espía
verás que en la noche tus pies muy contentos
tendrán viejas alas que cruzan el cielo

Detrás de la noche

Qué pasa cuando yo duermo
acaso rodarán la luna y la pelota por el parque
tendrán hambre mis lápices si se acercan a la fuente
y un poco de sed los libros cansados de estar quietos
quién me acomoda las cobijas
y cubre a los pájaros tristes del colegio
cuando la noche pesa como un diccionario
y mis ojos cargan la arenita del cansancio
quién les dice a mis juguetes buenas noches

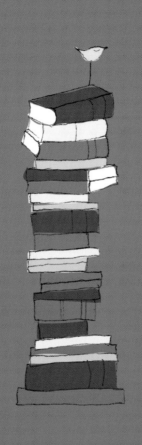

QUIERO DORMIR

A veces en la noche
me da miedo el eco de la nada
imagino a los fantasmas buscar su cabellera
atorada entre las puertas o los libros
debajo de la cama entre juguetes olvidados

si acaso me despierto a medianoche
asustada por la nada y su canción de oscuridad
pienso en el columpio y la naranja
en las nubes que hacen triste la cara de mi abuela
y también en la risa del recreo
así me entra la sed y la añoranza
y vuelvo despacito
acurrucada en los recuerdos
a la tibieza del sueño

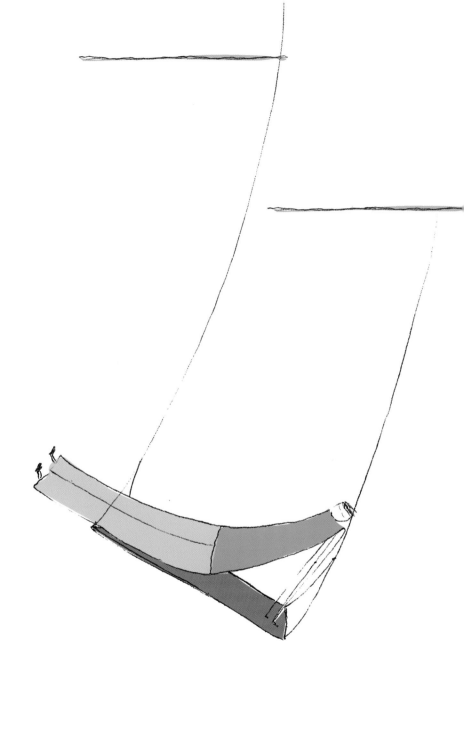

LA PARED DE LA ESCUELA

Detrás de este muro camina el paisaje
se mece contenta la tibia ilusión
detrás el murmullo de prados y parques
los ojos muy bizcos de carros y fábricas

en esta pared escribo mi nombre
con tiza de lumbre que baila radiante
y mustia la lluvia se encela y lo borra
escribo campana cabaña y muñeca
detrás de este muro tus ojos me esperan

MI CUMPLEAÑOS

Feliz me despierto y la casa es un sueño
el cielo regala pasteles de hielo
los árboles corren los trenes son cuervos
que acercan la dicha con paso ligero
cumplo siete años este día de agosto
el mes de las lluvias y la alegre nostalgia
me aguarda en la cama un vestido nuevo
parece bailarina con un lindo sueño
de holanes encajes y corona de nardos
hoy soy tan feliz los duendes lo saben
y con polvo dorado dibujan chocolates

La fiesta de la escuela

A la hora del recreo
los árboles greñudos
juegan encantados
pelotas en el cielo
asustan a las nubes
suspiran pizarrones
el polvo y los colores
y un olor a travesura
inunda los salones

escapa una naranja
y rueda entre las bancas
cansadas las escobas
rezongan en el patio
quien busque en los salones
las sumas y las restas
los mapas mordisqueados
por tizas y ratones
sabrá que en el colegio
a la hora del recreo
el libro está dormido
y duendes lo celebran

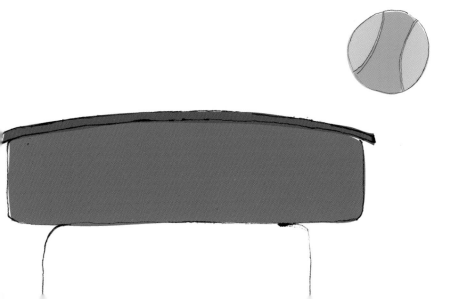

Páginas de un libro

Un pájaro de vidrio es el sueño de la espuma
cuando abandona los labios del mar
sus alas decoradas por la luz
son lumbre vestida de alegría
bajo un cielo cubierto de grises pensamientos

el ave es un dibujo delicado
que la mano del viento silenciosa
acomoda sin prisa ante la puerta
del libro que la espera lleno de emoción

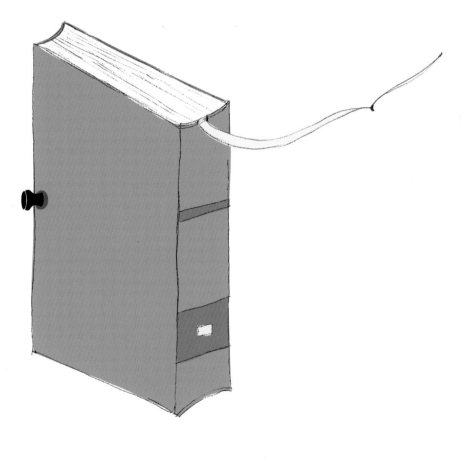

La mochila es un tesoro

Allí guardo mi libro de paisajes y barcos
la risa de mi amiga y los candelabros
cabe el mundo los colores la pelota
el miedo los dolores mis listones
el sollozo la bandera y el dragón
los cuadernos con sus taches
el sacapuntas chimuelo
y mis cartas de amor
es mi mochila un cofre de ilusiones
si abro su boca enorme y golosa
se asoma el sol para dormir en un rincón

Iris es una flor

Un pozo que brilla sin ser una estrella
la cueva divina donde el duende canta
el punto y aparte de toda belleza
es la flor rendida que nace en tu ojo

abismo de cuentos bandera de besos
círculo breve donde yo me pierdo
pero nada asusta si caigo en tu iris
pues pronto tu risa me da un lindo beso

LOS OJOS DE MI MAMÁ

He visto en las tardes lluviosas de agosto
tus ojos de fruta la miel del estanque
la risa que sabe a fulgor de rocío

tus ojos son soles con trajes de viento
poemas de amor que escriben los nardos
y cuando cierras lindas cascadas
el mundo se apaga y vela tu sueño

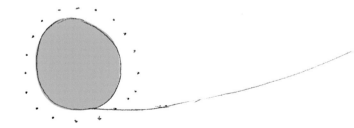

QUIERO IR AL CIRCO

Hoy me siento triste
en la silla de las quejas
pues no conozco el circo
el júbilo ruidoso de payasos
la astucia de princesas
que bailan en el lomo
de caballos dorados

ayer mi padre trajo unas estampas
y en ellas los camellos con sueño
contaban a los tigres
sus largas añoranzas

quisiera ser la domadora
que mete su cabeza
en la boca de los leones
y sin fieros latigazos
darles un beso a sus melenas
y que escuálidos payasos
aplaudan asustados

Las vacaciones

Todas las tardes volamos por el parque
y la sombra de los árboles
nos cuenta la historia anaranjada
de un tigre que usaba libros de sombrero

los niños avientan la pelota
que se queja entre las ramas azules
el viento acaricia nuestras mejillas
con el color hermoso de las vacaciones

no importa más la hora en que oscurezca
ni que los perros asusten a la noche
mañana nos espera sin reserva
el pastel de más horas veraniegas

QUÉ ES EL MAR

Mi dulce amiga no conoce el mar
le digo que es un monstruo contento de besarnos
que arrulla con sus brazos gaviotas y barquitos
mi amiga me mira ilusionada
pregunta qué colores aromas y vestidos
le gustan a la espuma vestir en las mañanas
qué brillos y perfumes esconde entre sus faldas
le digo emocionada que el mar es una rosa
de sal y ensoñación
un relámpago de besos en las nubes
o las alas inmensas de un halcón nevado
entonces me entran ganas
de estar entre las olas
y de llevar a mis amigas
al monstruo a chapotear

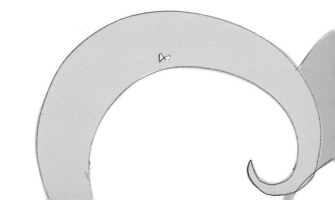

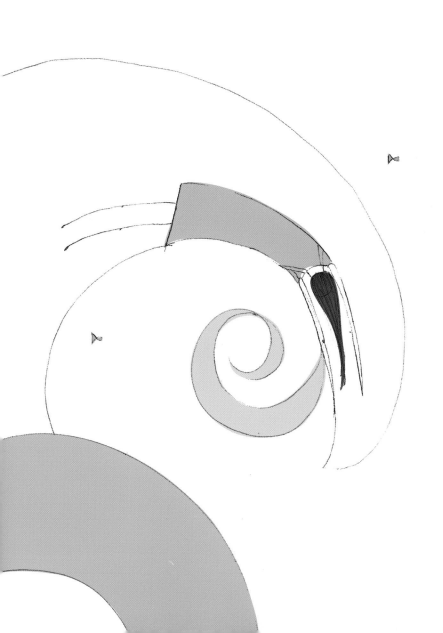

Jugar con espuma

Las nubes perezosas del mar
me acarician con alegre brío
en mis manos son la tela del hechizo
la ternura que sueña la marea

Barco en la distancia

El mar es mariposa que sueña
extiende su vestido de sal
al rumor fresco del mediodía
cuánta luz en su sonrisa
refleja la quietud de los destellos
mientras el barco platica con gaviotas
y le dice adiós al oleaje
al susurro alegre de la arena fulgurante

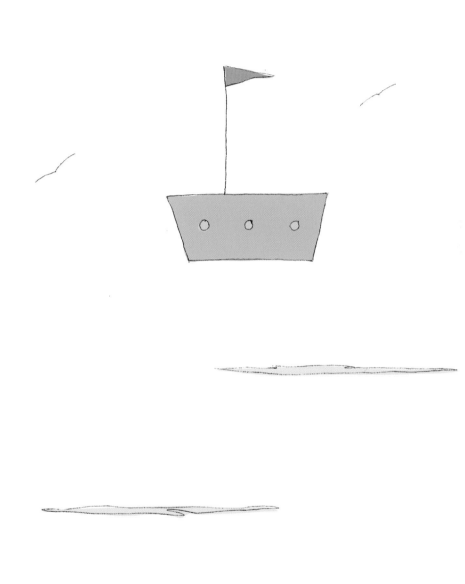

La araña teje un sueño

La araña le teje un suéter a mi abuela
que borda una tela para los sueños
con ella tendrán calor los relojes
y las palomas que me visitan en la ventana
harán un dibujo con sus picos rosados

es bello el frío cuando saluda a través del cristal
vestido de viento con su abrigo de hojas
arrastra fantasías periódicos y luces
me dice adiós con sus ramas cansadas
que bailan de un lado a otro
como trenes perdidos
en el sueño de una golondrina

la araña teje una ilusión
mientras mi abuela duerme
tal vez sueña que es una niña
con su vestido blanco hecho de cielo
y borda en el regazo del sol
la figura sonriente de una amapola

EL DESTINO DE LAS FRUTAS

El plátano es la luna
contenta en mi mesa

de tanto reírse
la sandía va a explotar

el durazno llora porque tiene frío
sonriente su mamá lo abraza
y le pone un abrigo de terciopelo

dicen que al señor melón
por ser tan corajudo
el corazón se le arrugó

la manzana está triste
porque ya es muy vieja
y aunque brilla de tan roja
nadie le ha dado una mordida

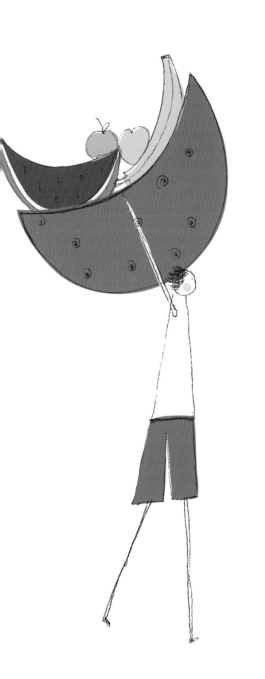

LA BONDAD DEL TERCIOPELO

Césped de viento y cobija de ensueño
que sobre la cama o el sillón más tímido
espera mustio la caricia tierna

desearía que mis brazos fueran terciopelo
mi frente la boca el vientre y los dedos
para ser cobertor diván y cortina
la piel de las cosas la miel de la tarde

y que muchas manos también las mejillas
supieran que soy un beso de arena
tan frágil muy suave y mullido
el sueño florido de un bebé leopardo

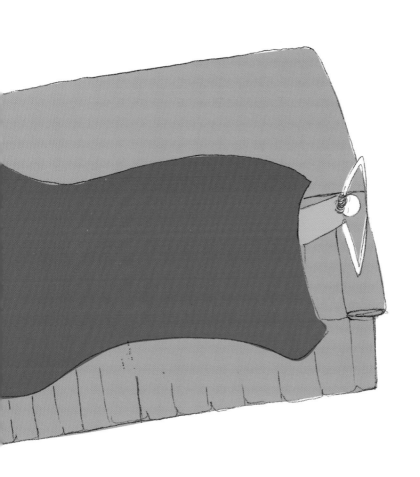

Ciudades y zapatos

Aquí está mi patria grande y muy fuerte
abajo está el mar donde paseo con papá
del otro lado la torre de Pisa
que se dobla de contenta pero no se cae
un poco más cerca el Coliseo romano
con sus leones de nubes dormidos al sol

aquí esta París más allá Ginebra
habrá también Vodka o el país de Ron
más lejos duermen los bombones de Moscú
pero lo que me preocupa del gordo terráqueo
es que tanta gente risueña y festiva
dónde se duerme en tan breve lugar

aquí esta México también Singapur
más allá Polonia y por allá Turquía
pero mis zapatos rojos
en dónde estarán

LIBRO DE AGUA

Meto las manos en el libro abierto
sus hojas me jalan traviesas
debajo de sus páginas transparentes
mis dedos juegan a temblar con el sol

es un río de promesas este día
donde leo la dicha de cantar bajo la higuera
cada sílaba que salta para brillar en mis brazos
es un juego de luz que decora mi piel

las páginas del agua me miran y se alejan
pero otra vez su risa de vidrio celestial
me moja con su encanto me pide que dé vuelta
al libro del riachuelo que al fin puedo admirar

EL CALOR DE MI CAPA

Para cubrirme del miedo
y de las muelas del diablo
de sapos borrachos que saltan furiosos
y canicas negras que enamoran estrellas
uso mi capa de vía láctea gamuza y consuelo
también para ocultarme del trueno
del miedo a la ambulancia al pozo
al perro y al ronquido del cielo
mi capa es una amable serenata
le canta cobijo y calor a mi cuerpo

Me gusta escuchar la radio

Cambio de frecuencia y la parvada tintinea
vuela la estufa y canta la silla
se rompe la música el violín maúlla
la casa es leopardo que narra su historia
medita rezonga y luego revienta
qué alegre es el radio
también cuando llora
y si acaso gruñen sus tripas eléctricas
es un obispo gordo con vestido de madera
al que se le traba su lengua de luz

Es bello el violonchelo

Ayer en un libro descubrí al violonchelo
parece una casa risueña de madera
me dijo mi papá que en forma delicada
los músicos lo acarician para que hechizados
los violonchelos nos digan sus secretos
entonces nos revela la magia de sus cuerdas
el vuelo de gorriones relojes y praderas

esta casa de música es inmensa
si abres sus ventanas de dulzura
las manos de los árboles se meten en tu pelo
los globos amarillos y rojos y festivos
se enredan en las nubes de morado y serpentina
la música en el cielo se convierte en una ardilla
y así la tarde clara que navega por las nubes
se vuelve un rehilete de sonrisas

SOY UNA NUBE FELIZ

Tengo siete años y un vestido de alba
si extiendo los brazos las orillas cantan
la tela que ciñe mi frágil cintura
es serpiente de flores que brilla dormida
así es mi uniforme de gran hermosura

el tímido encaje que adorna el vestido
es un abanico de traviesas plumas
un tren que medita con humo violeta
es velo de ramas y faroles verdes

camino feliz por la estancia
me miran contentos los libros y flores
gustoso me aplaude el espejo
y emocionado por ver mi vestido
sonríe muy contento como un violonchelo
entonces me miro parezco una nube
canción de niñez que te dice el secreto
mañana temprano regreso al colegio

ÍNDICE

César Arístides

Nació en la Ciudad de México en 1967, cuando era niño quería ser futbolista y no le gustaba ir a la escuela, pero lo que realmente le encantaba era leer, mojarse con la lluvia y jugar futbol con sus amigos. Ha escrito varios libros de poesía entre los que se encuentran *Duelos y alabanzas*, *Murciélagos y redención* (con el que ganó el Premio Internacional de Poesía "Benemérito de América" en 2004) y *De la vida retirada*; también ha realizado varias antologías de poesía y narrativa: *El cisne en la sombra. Antología de poesía modernista*, *Sólo vinimos a soñar* y *Vuelta a la casa en 75 poemas*, entre otras. Sus poemas han aparecido en diversas publicaciones de México y España; recibió las Becas de Poesía del Instituto Nacional de Bellas Artes en 1994 y del Fondo Nacional para la Cultura y las Artes en 1998 y 2000, en 2005 ingresó al Sistema Nacional de Creadores de Arte. Actualmente trabaja como editor y juega futbol rápido (bueno, él lo hace más bien muuuuy lento), en un equipo de incansables guerreros llamado Expeditos.

Paulina Barraza G.

Colabora para diferentes revistas y casas editoriales. Ha ilustrado los libros *ABCdario de porquerías*, (Jus, 2008), *Mother Goose*, (Alfaguara, 2009), *En hojas de cerezo Haikus*, (Nostra, 2010), y *Las Sirenas sueñan con trilobites*, (SM, 2011). Su obra forma parte de diversos catálogos de ilustración nacionales e internacionales. Actualmente, en apoyo al desarrollo de sus estudios, recibe un estímulo económico por parte del Fondo Nacional para la Cultura y las Artes, y del Consejo Nacional de Ciencia y la Tecnología, a través del Programa de Becas para Estudios en el Extranjero FONCA-CONACYT, Estudios Artísticos y Culturales.